I0830929

В. К. ЗУБАРЕВА

«СЛОВО О ПОЛКУ ИГОРЕВЕ»

НОВЫЙ ПЕРЕВОД С КОММЕНТАРИЕМ

Издание второе, дополненное

ЯЗЫКИ СЛАВЯНСКОЙ КУЛЬТУРЫ
МОСКВА
2021

УДК 821.161.1
ББК 83.3(2Рос=Рус)1
   З 91

Зубарева В. К.
З 91

«Слово о полку Игореве»: Новый перевод с комментарием. Предисловие А.В. Маркова
М.: Языки славянской культуры, 2021. — 100 с., ил. — (Studia philologica. Series minor).

ISBN 978-0-9861106-6-5

В книге представлен новый поэтический перевод «Слова…» с комментарием к нему. Концептуальная новизна перевода подробно поясняется в комментарии. Во главу угла автор ставит проблему певца и правителя, анализируя принятие решений героев с точки зрения их целей, ценностей, стратегий и психологии. Всё это проливает свет и на смысл концовки, позволяя неординарно увязать её с началом. Новизна подхода связана не только со стилем перевода, но, в первую очередь, с интерпретацией Бояна, Игоря и Святослава, а также повествователя, которого Зубарева анализирует в качестве ещё одного персонажа.

ББК 83.3(2Рос=Рус)1

В оформлении книги использованы иллюстрации Владимира Фаворского.

Источник: Юрий Халаминский. Владимир Андреевич Фаворский. М., Издательство «Искусство», 1964

Содержание

О НОВОМ ХУДОЖЕСТВЕННОМ ПЕРЕВОДЕ
«Слова о полку Игореве» В.К. ЗУБАРЕВОЙ

Новый художественный перевод «Слова о полку Игореве» предварен исследованием эпохи, в которую гимн стал невозможен, а повесть о деяниях стала необходимой, хотя раздробленность и помешала ей стать отдельным жанром. Крах гимна, вероятно, не раз переживался человечеством: культуролог вспомнит переход от живой проникновенности палеолитических рисунков к множественному схематизму мезолитических, а литературовед — об «Алексиаде» Анны Комниной после веков риторических панегириков или о французских «Песнях деяний» после кантилен. С какого-то момента множественность событий не может быть охвачена гимном: мечты поэта гонит строгий историк, а если мы воспользуемся терминами Шиллера, чуждыми рецензируемой книге, но не чуждыми нам как эстетикам, «сентиментальная» поэзия приходит на смену «наивной». В новом исследовании и переводе Боян оказывается придворным языческим панегиристом, а Святослав — настоящим героем «Слова» и в чем-то образцом христианского политика, и этим новизна работы далеко не исчерпывается.

В. Зубарева впервые в изучении «Слова» разделила автора и повествователя «Слова»: об авторе мы не можем сказать ничего определенного, а о повествователе — можем: он антагонист Бояна, не принимающий ни его литературного стиля, ни его понимания истории. Повествователь не обязан жить «в то же время, что и герои его по вести» (с. 12), в отличие от придворного Бояна (Боян Зубаревой не похож на всех прежних «славных и сладкозвучных» Боянов!), и сразу соглашающегося с малейшими изменениями настроения своего князя. Служащий престолу поэт всякий раз собирает эпическое произведение, как убирают дворец к празднику, а повествователь свободно восхищается сделанным.

Решая пушкинскую дилемму русской культуры,

отношение поэта и властителя, В. Зубарева в
монографического типа предисловии объясняет,
что гимнический Боян потому не нуждался в
христианской образности, что, даже воспевая самые
новые происшествия, не требовал новизны как особого
качества событий, но лишь восхищался происходящим.
Корень такого отношения — в языческой ментальности
Бояна, не мыслящего себя вне покровительства
языческих богов. А повествователь, видящий опасности
инструментализации язычества, требует от нас
размышлений, постоянно убеждая, что события сами
уже оставили след в истории. «Боян прославляет нового
правителя; повествователь восхваляет участников битвы
за то, что те увеличили сферу влияния христианского
мира» (с. 17). Устройство предисловия как монографии
и комментария для «медленного чтения» приложенного
текста необычно для наших изданий, но отвечает
практике западной славистики подробно вводить
квалифицированного читателя в мир произведения.

С точки зрения В. Зубаревой, князь Игорь мыслил
вполне «сентиментально», а не «наивно» (опять
позволим вольность эстетического термина), и
понимал, что не выиграет, еще до «знамений». Но он
ищет не побед ради богатства, а битвы ради чести;
жаждет событий, а не торжеств. Ради чести, которая
только и может искупить скверну войны, он и идет
на бой. Так переводчик понимает «золотое слово»
мудрого Святослава: упрекая Игоря и всех молодых
князей в поспешности, Святослав как автор «Золотого
слова» и есть панегирист и исторический писатель в
высшем смысле — как христианский проповедник и
настоящий деятель христианской истории — для него
скверна участия в войне искуплена тем, что дело чести
стоит выше любых упреков. Святослав, намеренно
приводящий Игоря к славе, оказывается образцовым
политиком — писателем нового типа, неведомым в
эпоху Бояна.

Языческий морок упреков побежден глубоко
христианской верностью: «Святослав понимает,

что теряет силы. Он так же понимает, что Игорь — идеальный для Руси того времени тип правителя, поскольку печется не о богатстве, а о славе. Что же касается неожиданной вылазки Игоря, то бескорыстное, не ориентированное на наживу безрассудство иногда становится решающим фактором для победы при прочих относительно равных условиях».

В художественном переводе В. Зубаревой христианский смысл «Слова...» показан без напора, как необходимость осмыслить сюжет. Например, в начале перевода дано, что Игорь «охвачен был дерзким стремлением и направил ум», и хотя вроде бы от выражения оригинала, что Игорь испытал ум крепостью, отнята связка с требованием возлюбить Бога всем разумением и всей крепостию (Мк. 12, 30), само слово «охваченный», удачно подобранное переводчиком, выражает главную мысль: Игорь с самого начала не принадлежит себе, хотя до конца этого не знает.

Или, художественный, подчеркнем опять, перевод «как бы ты изощрялся пристрастно» в эпизоде, как поход Игоря воспел бы Боян, вроде далек от «полки ущекотал» оригинала, то есть «воспел бы по-соловьиному», — с возможной параллелью к «ласканию слуха» лжеучителей, по апостолу Павлу (2 Тим. 4, 3). Но для переводчика важно, что Боян мыслит любого деятеля не как христианскую личность, а как представителя рода: он, скользя по «мысленному древу» рода, восстановил бы генеалогию, как Пиндар — а какое слово лучше чем «пристрастие» обозначит генеалогический интерес поэта?

И еще один пример лиричности перевода:
А беды на дубах вьются птицами,
А несчастья по оврагам рыщут волками.
И орлы своим клекотом предвкушают пир,
И лисицы, учуяв, брешут яростно.

Буквально в оригинале сказано «беды, как птицы,

пасут его (следят за ним) с дубов, волки грозно подстерегают его по оврагам, орлы клекотом на кости зверей зовут, лисы брешут на червонные щиты». Вполне возможно, что эпизод вдохновлен проклятием Давида своим врагам, что их «части достанутся лисам» (Пс. 62, 11), — и тогда буквальный перевод не учтет этого главного смысла: что война — всегда осквернение. Буквальный перевод ограничит смысл эпической картиной, как звери сначала далеко от героя, а после оказываются все ближе к нему. Но переводчику-поэту, автору художественного перевода, важнее, что беда с самого начала рядом с героем, всегда напоминая о себе.

Приложенный к изданию английский перевод текста, выполненный А. Рязановским, не утрачивает ни одного из этих смыслов.

Александр Марков, профессор РГГУ

ОТ АВТОРА

Когда переводишь сложное произведение с разветвлённой структурой, части которой неявным образом соотносятся друг с другом, нужно, прежде всего, определиться с концепцией. Иначе будет потеряна целостность, и текст распадётся на множество поверхностно связанных эпизодов. Комментарии, сопровождающие перевод, направлены на раскрытие концепции, которой я руководствовалась, размышляя над смысловой направленностью «Слова».

Для меня «Слово», прежде всего, художественное произведение. Поэтому комментарий к нему – литературоведческого, а не исторического или языковедческого толка. Как показано ниже, от исторического документа «Слово» отличает, во-первых, направленный мессидж. Во-вторых, детали, которые во всех трактовках исторического плана расцениваются как случайные (например, упоминания языческих богов), с точки зрения литературоведческого анализа, продуманы и формируют концептуальный аспект произведения. В-третьих, по «Слову» нельзя изучать исторические события и фигуры. Но можно изучать менталитет и ценности, раскрывающиеся в описаниях и монологах. В соответствии с моей интерпретацией, главным героем «Слова» является не Игорь, а Святослав, чьё принятие решений я анализирую в комментарии, базируясь на «Золотом Слове». Заглавный герой «Слова» - полк, защищающий «славных христиан от поганых войск половецких». Игорь выступает в «Слове» как развивающаяся и в конце уже идеальная фигура правителя, способного продолжить дело Святослава.

Путь этой книги был достаточно долгим. Он начался ещё в докторантуре Пенсильванского университета, на лекциях профессора русской истории Александра Рязановского. Концептуальное понимание взаимоотношений правителя и народа, типология лидеров и анализ того, как происходит принятие решений, появилось в процессе бесед с

V

одним из руководителей моей докторской диссертации профессором Ароном Каценелинбойгеном. Памяти моих учителей, А. Рязановского и А. Каценелинбойгена, я и посвящаю эту работу.

Впоследствии мои изыскания, включая стихотворный перевод, были переведены на английский двумя профессорами. Александр Рязановский перевёл поэтическую часть, а Фрэд Патон – комментарии к ней. В течение лет, отделявших первое издание от нынешнего, кое-что переосмысливалось в комментариях к переводу, да и сам перевод претерпел некоторые изменения. Новая версия появилась в 2015 г. на сайте Фонда «Новый мир» стараниями Владимира Губайловского, не только одобрившего концепцию перевода, но и представившего её в лучшем виде – благодаря дизайну, который он сделал по рисункам Владимира Фаворского (Прим.). Приношу ему свою искреннюю благодарность, а также благодарность Ирине Бенционовне Роднянской за ряд замечаний во время работы над окончательной версией рукописи.

ПРИМЕЧАНИЕ

Юрий Халаминский. Владимир Андреевич Фаворский. М., Издательство «Искусство», 1964

I. Певец и правитель в «Слове о полку Игореве»

Комментарий к новому переводу

Охват «Слова» в чём-то соприкасается с «Божественной комедией» — в нём есть и своя Беатриче, и блуждания героя в сумрачном лесу событий и мыслей, и счастливая развязка с движением к Божественной ипостаси (святой Богородице Пирогощей). И при этом необыкновенная метафоричность и многоплановость ракурсов, включающих, помимо исторического, духовный, культурный, литературный, психологический, политический и религиозный. Отдавая дань многочисленным исследованиям исторического, географического и лингвистического толка, связанным с вопросами подлинности «Слова», мы сосредоточимся на другом — на месседже, который оно несёт: не прямо, не идеологически, а выстраивая мозаику из ментальностей, подтекстов и метафор.

Боян да Ходына

Вопрос о том, кто же является героем «Слова», мне довелось решать в связи с поэтическим переводом, который я отважилась сделать, напоминая себе самой князя Игоря, выступающего на многочисленное войско половецкое. Тем не менее, не только эмоции владели мной в часы сопричастности к событиям русской старины. Увлекла редкая возможность осмыслить некоторые скрытые аспекты «Слова» как на поэтическом, так и аналитическом уровне.

Круг проблем, которые решал вдохновенный автор «Слова», достаточно широк, но, несомненно, он включает в себя и вопрос о том, как формируется направление государства, как отбирается кандидатура на роль героя и какова роль певца и правителя.

К удивлению многих, «Слово» начинается не с похода Игоря и даже не с описания его предпосылок, а с пространного рассуждения, не имеющего прямого отношения к событиям, о том, какой стиль был бы более уместным для повествования. Д.С. Лихачёв, правда, пояснил эту странность, ссылаясь на жития и проповеди, для которых подобные отступления обычны, но всё равно не убедил, поскольку в приведённых им примерах речь идёт о текстах церковно-религиозного содержания.

Пишущие их были озабочены не стилем, а приближением к Мудрости, к Логосу через речение великих учителей и через добродетели. А «основная добродетель пишущего — смирение, отвержение от собственной воли, умаление собственных сил»[1]. «Велика учителя и мудра сказателя требуеть церкви на украшение праздника. Мы же нищи есмы словом и мутни умом, не имуще огня Святаго Духа на слажение душеполезных словес <…>», — пишет в своей вступительной части к «Слову на Фомину неделю» Кирилл Туровский, которого цитирует Д. Лихачёв[2].

Во вступлениях такого рода пишущие «проявляют смирение в трудах своих», веруя, что «произведение создаётся не по хотению автора, <…> но по послушанию» [3]. В «Слове» подобная логика не выстраивается.

Короче говоря, коммерческий издатель изъял бы вступительную часть «Слова» без особого ущерба для самой истории. И, с точки зрения массового читателя, был бы прав. Наверное, был бы прав и с точки зрения историка, которому вот именно эта часть ну никак, ну ни о чём существенном в смысле Игорева похода не говорит.

«И чего он взъелся на этого Бояна? Чем он ему мешал?», — так или почти так думалось мне и моим школьным друзьям, бегло ознакомившимся с начальными страницами «Слова» в переводе Жуковского. Никто ничего толком не понял. Благо что учительница разъяснила про «десять соколов на стадо лебедей», да и в учебнике можно было ещё раз ознакомиться с основными моментами.

В университете, конечно, восприятие было уже другим, но вступление о Бояне оставляло всё то же ощущение чего-то лишнего, не связанного с целым, искусственного по отношению к этой истории. Понимание органичности этой части пришло гораздо позже — можно сказать, совсем недавно.

При чём тут Боян?

 Достаточно полный обзор интерпретаций этого образа был сделан в своё время Дмитрием Лихачёвым. Начиная с Радищева, называющего Бояна «сладчайшим певцом», характеристика этого песнотворца практически не меняется. Для Жуковского Боян — «радость древних лет»; у Пушкина он — «сладостный певец». «В творчестве поэтов декабристского круга <…> к традиционному восприятию Бояна прибавляется характеристика его как певца-гражданина, патриота» [4].

Середина XX века не вносит существенно нового понимания в образ Бояна. Н. Гербель нисколько не отступает от привычного стереотипа вещего Бояна («Боян вещим духом обоян»), так же, впрочем, как и Л. Мей, который в своём стилизованном переводе «Слова» обращается к Бояну: «Ох, ты гой-еси гремучий соловей Боян!». Те же тенденции в трактовке Бояна присутствуют и в переводе Заболоцкого («Тот Боян исполнен дивных сил», «О Боян, старинный соловей!», и т.п.).

Тем не менее, образ Бояна в «Слове» не столь однозначен. Из ссылок на его песни (их приводит безымянный повествователь-бард) видно, что этот толкователь исторических событий представляет историю как ряд выхолощенных и расцвеченных героических эпизодов, не отражающих в полной мере исторических событий. Против чего и возражает повествователь «Слова», призывая следовать «былинам времени», а не вымыслу («Пусть начнется же песнь эта по былинам нашего времени, а не по замышлению Бояна» [5]).

Речь, однако, не только о «старой поэтической манере Бояна» [6], соответствующей «духу развивающегося русского героического эпоса»[7]. За слогом и пафосом кроется определённая ментальность. Об этом свидетельствует и символика соколиной охоты в описании творческого метода Бояна. («Тогда напускал десять соколов на стадо лебедей»).

Сокол, как известно, отличается зоркостью и добычу свою видит издалека. Так же и Боян точно избирает цель для своего поэтического вдохновения. При этом следует учитывать, что он — княжеский певец. И не просто княжеский, а «любимец», как его называет — возможно, иронически, — бард-оппонент.

Статус придворного любимца накладывает на поэта определённые обязательства: он должен обладать политической прозорливостью, идти в идеологическом фарватере и безошибочно угадывать официальный курс.

Опытный, умеющий потрафить правителю, Боян был, несомненно, искушён в придворной политике, что помогло ему пережить несколько княжеских правлений (он назван песнотворцем «старого времени Ярослава» и любимцем «Олега-князя»). Это тип певца, создающего при помощи накатанных приёмов картину, направленную на возвеличивание власть предержащих.

Повествователь не осуждает Бояна, но даёт понять, что подобный подход ему чужд. В части, где говорится о выступлении Игоря на половцев, он фактически пародирует стиль Бояна, показывая, как бы спел об этом известный стихотворец:

О Боян, соловей старого времени!
Вот бы ты походы те воспел,
скача, соловей, по мысленному дереву,
летая умом по подоблачью,
свивая славу обеих половин сего времени,
рыща по тропе Трояна
через поля на горы.
Так бы пришлось внуку Велеса
воспеть песнь Игорю:
"Не буря соколов занесла
через поля широкие —
стаи галок бегут
к Дону великому".
Или так бы начать тебе петь,
вещий Боян,
Велесов внук:
"Кони ржут за Сулой —
звенит слава в Киеве;
трубы трубят в Новгороде -
стоят стяги в Путивле!"

Итак, различие между певцами в том, что повествующий не является княжеским песнотворцем. Почти о том же пишет и Д. Лихачёв: «Автор "Слова" не чувствует себя человеком зависимым, подневольным, выполняющим чей-то заказ»[8]. Только у Лихачёва, заметим, речь идёт об авторе, а у нас — о повествователе.

Автор, повествователь… Какая разница?

Разница есть. И порой она столь существенна, что я предпочитаю и в данном случае их разделить. В самом деле, нам ничего не известно об авторе, и гипотезы о нём могут быть разными. Он может быть как свободным художником, так и придворным песнотворцем, анонимно написавшим «Слово». Более того, он может быть и частично анонимным, т.е. его анонимность может быть открыта великому князю, но по каким-то причинам скрыта от его окружения, и наоборот. В отсутствие фактов может быть сколь угодно много догадок.

О повествователе известно куда больше. Во-первых, он живёт в то же время, что и герои его повести, что совсем не обязательно для автора. Б.И. Яценко сомневается, мог ли «автор "Слова" возводить князя, опозоренного неудачей, в ранг народного героя»[9].

Его ответ: «Конечно, не мог ни в 1185 г., ни даже в 1187 г., когда еще были свежи воспоминания о неудачном походе и не все воины вернулись из плена. Мысль о том, чтобы использовать сюжет похода 1185 г. для прославления князя Игоря, могла появиться у автора "Слова" немного позже. <…> Автор может рассказывать о событиях, вспоминая о дедовской и прадедовской славе. Слава не умирает, а как бы переходит в наследство потомкам» [10].

Во-вторых, герои, о которых ведёт речь повествователь, поданы как реальные фигуры, они якобы существуют в его пространстве. С автором это вовсе не обязательно. Даже если он и современник изображаемых исторических событий, его герои могут быть и вымышленными (частично или полностью) [11].

Автор — тот, кто стоит за композицией, архитектоникой, героями, повествователем и подтекстом, проявляющимся в деталях. Повествователь знает немного больше тех, о ком он повествует, но ему не дано всевидящее око автора. Разделяя автора и повествователя, мы существенно упрощаем задачу, вынося за скобки вопросы подлинности, хронологии и т.п.

Например, исследователи «Слова» не раз указывали на несоответствие даты затмения и похода Игоря (затмение было только на девятый день, тогда как в «Слове» поход Игоря с него начинается) [12].

Знал ли об этом автор? Неизвестно. Повествователь точно не знал — он из другого, неисторического, пространства, где сосуществуют и Боян, и века Трояна (вопрос о Трояне до сих пор не решён однозначно) [13], и исторические фигуры, не произносившие, однако «золотых слов», и многое другое.

Посему не следует попадаться на удочку, доверяя с первых строк повествователю, будто именно он и будет всё излагать «по былинам времени» [14], а не по «замышлению» своего создателя — автора «Слова». Так, говоря о дате затмения, Б.И. Яценко поясняет несовпадение тем, что «в "Слове" солнечное затмение имеет иной смысл, чем просто описание конкретного астрономического явления.

Тема борьбы света с тьмой, традиционно-библейская в своей основе, проходит через все произведение, и солнечное затмение в "Слове" не только и даже не столько — воспроизведение реального события, сколько поэтический образ»[15].

Это вновь льёт воду на нашу мельницу, подтверждая, что метафора в «Слове» превалирует над историческим фактом. И происходит подобное, заметим, не однажды, поскольку, как отмечает Д. Лихачёв, хотя у автора «Слова» и есть исторические представления, но они «являются представлениями поэта, а не историка» [16]. А раз так, то, значит, мы должны быть готовы к тому, что нас будут частично обманывать.

Вопрос — для чего?

Оказывается, мы погружены в полувымышленное пространство-время, проистекающего из писательского замысла, пока неясного, словно автор захотел столкнуть лбами историков и литературоведов. Факт: «Слово» начинается с вопросов литературных. Не факт: по «Слову» можно сверять исторические события того периода. Как быть? Соломоново решение — руководствоваться художественным замыслом, пытаясь его прочесть и понять.

Исследователи не раз отмечали, что «традиционно-библейская основа» «Слова» переплетается с языческими образами. И хотя, по словам В. П. Андриановой-Перетц, «достигнутые результаты позволяют прийти к неоспоримому выводу: "Слово о полку Игореве" — литературное произведение»[17], сугубо литературоведческой интерпретации этому факту не было дано. Начиная с Н. Ф. Грамматина и Ф. И. Буслаева, языческие образы в «Слове» трактуются либо как чисто риторические фигуры (Грамматин), либо как исторические свидетельства остаточных следов язычества в древнерусской культуре (Буслаев и другие). Более концептуальный ответ вырисовывается при сопоставлении языческих кусков и поиске их общего знаменателя.

Итак, с миром языческих образов соотнесён Боян, названный внуком Велеса («Велесовь внуче») — языческого божества, покровителя поэтов-сказителей.

Лично себя повествователь в языческих терминах не мыслит и собственное повествование заканчивает христианским призывом:

Здрави князи и дружина,
побарая за христьяны
на поганыя плъки!

Это любопытный факт, тем более что несколькими строками выше он приводит хвалебную песнь Бояна и Ходыны, в которой нет никаких отсылок к христианству даже в бравурном завершающем аккорде:

Сказали Боян и Ходына,
Святославовы песнотворцы
старого времени Ярослава,
Олега-князя любимцы:
"Тяжко голове без плеч,
беда телу без головы" —
так и Русской земле без Игоря.

Нам остаётся только поверить повествователю на слово, что именно так и сказали Боян и Ходына, в отличие от него самого.

А вот что касается автора, то к нему вопрос: почему он расставил акценты подобным образом?

Что хотел подчеркнуть христианской концовкой, вложенной в уста своего безымянного повествователя, столь отличного от двух других певцов?

Разумеется, Боян не был язычником в прямом смысле. Он и Бога где-то там упомянул в качестве поговорки — никому, мол, «суда Божьего не миновать». Язычество Бояна — в сотворении кумира из очередного правителя, а опасность его — в насаждении этой ментальности в слушателях.

Прибегая к ёмким формулировкам и шаблонным сравнениям, доступным пониманию обывателя, Боян и Ходына достигают того эффекта, который требуется в определённой политической ситуации, выступая «запевалами» в общем хоре ликующей толпы.

В истории иногда наступает такой момент, когда нужен некто, способный первым крикнуть «ура!» или «долой!». В «Слове» «ура!» кричит Боян (получив на то «добро» от Святослава). Религиозный и духовный аспекты не входят в полномочия этого барда. Отсюда — различная направленность двух завершающих песен. В обоих присутствует хвалебное содержание, но разного свойства: Боян прославляет нового правителя; повествователь восхваляет участников битвы за то, что те увеличили сферу влияния христианского мира. Это существенное различие. И если идея объединения русичей до сего момента шла под эгидой единения братского, кровного, племенного, то теперь она поднимается до единения духовного.

Велесовь внуче

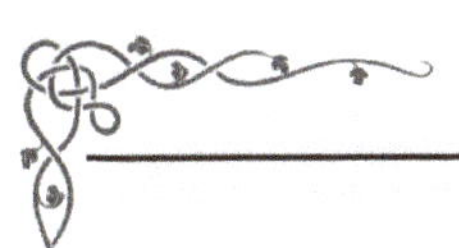

Посему и манера Бояна представлена в тексте как идущая от язычников: «рища въ тропу Трояню». В своём объяснительном переводе Д. Лихачёв расшифровывает это как «рыща по тропе [языческого старого русского бога] Трояна» [18], хотя существование такого бога пока не установлено[19]. Так или иначе, ссылкой на Бояна открываются языческие аллюзии, и если следовать тексту, то можно заметить некую систему в их появлении.

Языческие образы в «Слове» соотнесены с миром половцев. Они либо обозначают среду обитания язычников, либо символизируют границу между двумя мирами, либо служат вектором, направленным против русских воинов. Приведу ниже примеры из текста с пояснительным переводом Д. Лихачёва в скобках и моими последующими комментариями:

1. збися див,
кличетъ връху древа,
велить послушати — земли незнаеме
(встрепенулся див — кличет на вершине дерева,
велит прислушаться — земле незнаемой)

Здесь див возникает в связи с «землёй незнаемой», т.е. с вотчиной язычников.

2. Уже снесеся хула на хвалу;
уже тресну нужда на волю;
уже връжеся дивь на землю.
(Уже спустился позор на славу [позор поражения
заслонил собою былую славу]; уже ударило насилие
[половецкое] на свободу [русских]; уже бросился див
на землю [Русскую]).

В этом отрывке див перенимает функцию половцев и является их собирательным образом.

3. Се ветри, Стрибожи внуци, веютъ съ моря
стрелами
на храбрыя плъкы Игоревы.
(Вот ветры, внуки Стрибога, веют с моря
стрелами
на храбрые полки Игоревы.)

Функция ветров, выступающих в роли противника, аналогична функции вражеского языческого стана.

4. Всеславъ князь людемъ судяше,
княземъ грады рядяше,
а самъ въ ночь влъкомъ рыскаше:
изъ Кыева дорискаше до куръ Тмутороканя,
великому Хръсови влъкомъ путь прерыскаше.
(Всеслав-князь людям суд правил,
князьям города рядил,
а сам в ночи волком рыскал:
из Киева дорыскивал до петухов Тмутороканя,
великому Хорсу волком путь перерыскивал).

Образ Хорса знаменует собой границу двух культур, движение от одного сознания к другому — от стана христианского к языческому. Кроме того, Всеслав был известен как волшебник, а Буслаев трактовал его даже как оборотня. Поэтому языческое мироописание сопутствует этому герою в момент его волшебно-молниеносных переходов.

5. Тогда, при Олзе Гориславличи,
сеяшется и растяшеть усобицами,
погибашеть жизнь Даждьбожа внука,
въ княжихъ крамолахъ веци человекомь скратишась.
(Тогда, при Олеге Гориславяче,
засевалось и прорастало усобицами,
погибало достояние Даждьбожа внука,
в княжеских крамолах сокращались жизни людские.)

Л.В. Соколова указывает на существование нескольких точек зрения относительно того, кто назван «Дажьбожьим внуком» в «Слове»: «По мнению первых издателей, внуки Д. — это "пользующиеся благоденствием как даром Дажьбожа внука". Дубенский и О. Сулейменов во внуках Д. видели половцев. Н. Ф. Грамматин первым высказал точку зрения, согласно которой внук Д. — это рус. народ» [20]. Его версию разделял Лихачёв. Мне ближе первая версия о дружески настроенных половцах, которые страдали от княжеских усобиц и решили отомстить за разорение своего племени. В «Слове Иоанна Златоуста» сказано, что «друзии верують в Стрибога, Дажбога и Переплута, иже вертячеся ему пиють в розех» [21]. К ним, возможно, относилась дружеская часть половцев.

Как видим, языческие образы в «Слове» возникают не спорадически. Они определённо складываются в систему.

Герой или не герой?

«Беда телу без головы — так и Русской земле без Игоря»… В этом Бояновом определении сквозит скрытая авторская ирония (предполагаю, что автор и придумал эти стихи). Ведь если рассматривать Игоря в контексте всего происшедшего, то перед нами совершенно очевидно предстаёт образ князя, не желающего задуматься над последствиями своих поступков.

Уязвимость войска Игорева, уступающего по численности врагу, могла быть не очевидна только ребёнку, ибо даже неопытный воин мог бы с лёгкостью оценить преимущество противника. Посему рассуждения о роли дурных предзнаменований, которыми отважный Игорь якобы пренебрёг, наивны: предзнаменования не могли бы открыть бывалому воину больше, чем его собственный опыт.

Б. И. Яценко пишет: «Сложнейшие мотивы поведения северского князя Игоря объясняли еще в XIX в. удалью, жаждой славы, неосмотрительностью или даже безрассудством.

А. Веселовский, у которого немало интересных наблюдений по "Слову", тем не менее, писал: "Можно бы ожидать, что автор остановится на фактах героизма и мужества, но он предпочел такие непривлекательные черты, как поражение, плен, трусливое бегство". Веселовский считал "Слово" сатирой на "дряблое общество" XII в.» [22].

На вопрос о том, что же именно делает Игоря героем, Яценко отвечает следующим образом: «Лучше идти навстречу врагу и с честью умереть в бою, чем быть плененным, оставшись дома» [23]. Однако бездумность Игоря не делает ему чести и в особенности, когда войско загублено зазря. На геройство подобный поступок явно не тянет. В чём же тут дело? Ведь даже чисто литературный образ должен иметь под собой логику, по которой восстанавливалось бы его геройство.

Несколько исторических ссылок всё же не помешает

Святослав, после того, как гнев его на сына улёгся, созывает князей объединиться под эгидой отмщения за него, провозглашая Игоря героем. Это место — самое неясное в «Слове». Прежде всего, Игорь, находясь у половцев, о подмоге не просил. Утверждение же, что он был пленником, может быть поставлено под сомнение. Как свидетельствует «Повесть временных лет», половцы с почтением относились к заслугам Игоря. Ему была предоставлена воля. Он мог охотиться, ездить, куда пожелает, и даже справлять христианскую службу: «Игорь же Святославович в тот год, братья, был у половцев <…>. Половцы же, которые стыдились воеводства его, не делали ему зла, но приставили к нему сторожей и сынов своих <…> но волю ему дали, где хочет, там ездит <…>. И попа же ему привезли из Руси со святою службою» [24].

Игорь был слишком неординарной фигурой, чтобы представлять ценность лишь в качестве раба. А. Рязановский отмечал в своих лекциях, что Игорь после поражения принял присягу неприятеля, а раб присяги не принимает. Кроме того, по словам Рязановского, в то время не существовало присяги Русской земле. Князья присягали старшему князю в своём княжестве, так что принять присягу другого князя или хана не считалось изменой в современном смысле.

Далее, в «Слове» говорится, что после поражения Игорь пересаживается из седла золотого (то есть княжеского) в седло кощеево (по версии Д. Лихачёва — рабское). Однако, как указывал Рязановский, для раба нехарактерно пересаживаться в седло, ибо раб вообще не имел своего седла. Если бы речь и впрямь шла о рабстве, то вполне уместно было бы сказать «лишился своего золотого седла» или что-нибудь в этом роде.

«Кощеево седло», по версии Рязановского, не метафора рабства, а указание на стан, в который попадает князь Игорь после битвы. В тексте слово «кощей» употребляется несколько раз в связи с половцами. В своём Золотом Слове Святослав говорит, обращаясь мысленно к Всеволоду: «Если бы ты был здесь, то была бы чага по ногате, а кощей по резане» (перевод мой — В.З.). Речь идёт о том, как дёшево были бы проданы — «по ногате и по резане» — чага (рабыня) и кощей. Кощей здесь может обозначать раба, по аналогии с рабыней.

С другой стороны, когда Святослав призывает галицкого Осмосмысла Ярослава выступить против Кончака, он говорит:

Стреляй, господине, Кончака,
поганого кощея,
за землю Рускую,
за раны Игоревы <...>

Как видим, здесь сам Кончак назван кощеем. Было бы слишком большой натяжкой утверждать, что Святослав даёт хану кличку раба. При всей нетерпимости к врагу он понимает, что имеет дело с равным по силе и власти.

По версии Рязановского, «кощей» — ругательное обозначение кочевника. Вспомним русские народные сказки, где роль врага и завоевателя играл Кощей Бессмертный. Он-то как раз и был олицетворением небывалого могущества, властителем и поработителем, но никак не рабом.

Итак, вырисовываются ещё две версии героизма Игоря.

По мнению Лихачёва, Игорь попадает в плен, и героизм его заключается в том, что он бежит из плена, рискуя жизнью, дабы служить Русской земле. Рязановский считает, что Игорь просто-напросто меняет присягу после поражения, вступает в союз с половцами, как известный нам князь Олег, и живёт у половцев в достатке и богатстве. Героем он становится потому, что оставляет сытую и богатую жизнь у кощеев, когда Господь указывает ему дорогу домой. Такая жертвенность, несомненно, должна возвысить Игоря в глазах поколений.

В связи с этим мне хотелось бы предложить ещё одну версию провозглашения Игоря героем.

«Ум князя уступил желанию»

Да, увы, как на светило небесное, на «солнце земли русской» — на Игоря нашло затмение в час, когда он двинулся на орду вопреки здравому смыслу. Но не упрекать в очередной раз будем мы его за это, а посмотрим на положительные моменты, раскрывающиеся во время его похода против половцев.

Собираясь в поход, Игорь не стремился завоевать земли противника для собственного обогащения. Он был достаточно богатым князем, хоть это не объяснение в данном случае — князья, устраивавшие набеги на соседские земли, были не беднее Игоря. Тем не менее, алчность их не знала предела.

Игорь же был совсем другим. Стоит вспомнить хотя бы окончание первого дня битвы, когда войско Игоря одержало победу. Воины стали хватать золото и серебро, красных девок половецких, а Игорь взял только боевые знаки врагов, символы победы и власти.

В этом — весь Игорь. Он понимает роль нематериальных ценностей и демонстрирует это на практике. Не приходится говорить о том, как велик соблазн у победителя на поле брани. Но Игоря не прельщает всё то, что прельщает других воинов.

Так вырисовывается его существенное отличие от них. Из всех князей, осуждённых Святославом, только он, пожалуй, и способен был бы выступить в поход за идею.

Именно такой поход и вынашивал Святослав, мечтавший об объединении Руси.

Оказавшись у половцев и пребывая в достатке, Игорь мог испытывать крайнюю внутреннюю неудовлетворённость. Никакие богатства не способны были бы заменить ему те символы власти, которые он взял себе на поле боя, и это могло существенно угнетать его. Однако вернуться домой он тоже не мог, слыша хулу себе, доносившуюся до него с разных уголков земли:

> *Тут немцы и венецианцы,*
> *тут греки и моравы*
> *поют славу Святославу,*
> *корят князя Игоря,*
> *что потопил богатство на дне Каялы — реки*
> *половецкой, —*
> *просыпав русское золото.*

«Ту Игорь князь выседе из седла злата, а в седло кощиево» («тут Игорь-князь высадился из седла злата в седло кощеево»). Это короткое «тут» указывает на причинно-следственную связь между хулой и решением Игоря переметнуться в стан половцев.

И тогда Святослав призывает князей вступить «в золотые стремена за обиду сего времени, за землю Русскую, за раны Игоревы» (о которых нам, кстати, ничего не известно). На это никто не откликается. Никто, кроме Овлура, не выходит к Игорю, а дорогу ему указывает Бог. Для чего же тогда был брошен клич?

Объяснение напрашивается только одно: Золотое Слово было направлено к слуху Игоря. Это был знак того, что хула прекращена и ему воздана честь. Не народ, не князья и не Боян, а Святослав лично поставил судьбу Игоря и русской земли на одну ступень, сделав из него тем самым героя.

Для чего ему это было нужно?

Святослав был прекрасным воином — он полонил Кобяка, «наступил на землю половецкую; притоптал холмы и овраги», увеличивая владения будущей Руси. И вместе с тем он понимал, что механическим присоединением земель не достигнешь прочного могущества. Земли создают несомненное материальное преимущество. Однако без укрепления позиций оно может обернуться негативным фактором25. Намёк на это содержится в образе реки Стугны, поглотившей «чужие ручьи и потоки», но не поправившей этим свою «худу струю», а только погубившей молодого Ростислава.

Требовалось развитие и упрочение позиционных параметров, способствующих закреплению добытых земель, и одним из таких параметров было объединение князей. Установлению коалиции и посвящает Святослав остаток своей жизни. Стратегия его по объединению Руси достойна того, чтобы на ней остановиться чуть подробнее.

Как уже упоминалось, поначалу Святослав занимается исключительно материальной стороной дела. Помимо покорения половецких земель, сюда относится и взятие в плен половецкого хана — самой ценной фигуры противника. Этим Святослав добивается расположения и поддержки князей и народа. Кроме того, он даёт стране изобилие, что резко повышает его популярность. Он понимает, что материальное благополучие народа — это его плацдарм, на котором он может строить здание будущей единой Руси.

Следующий шаг Святослава связан с развитием сферы отношений. То, что он делает, получает активный отклик в обществе. Благодаря умело сформированной позиции Святослав становится героем своего времени и за ним закрепляется слава мудрого правителя. Это, в свою очередь, должно благоприятствовать осуществлению его глобального замысла.

Можно считать, что приблизительно с этого момента Святослав начинает серьёзно готовиться к реализации своего плана. Он собирается обнародовать призвание к князьям и выступить против половцев под эгидой объединения.

Однако Игорь опережает его. И главное не то, что он выступил вопреки воле отца, а то, что невольно поставил под угрозу взлелеянную Святославом идею объединения. Игорь, сын Святослава, его надежда, показывает дурной пример отщепенства.

Но, взвесив все плюсы и минусы Игоревой натуры, мудрый Святослав приходит к выводу, что без Игоря ему не обойтись.

В своём Золотом Слове он корит Игоря только за то, что тот несвоевременно выступил и не поделился планами с ним. Он порицает Игоря за бездумность и честолюбивые устремления, но по сравнению с тем, что он скажет об Изяславе и Всеславе, это просто пустяки.

Русская земля породила немало отважных князей, но почему-то все они приносили ей только несчастья. И князь Олег, и князь Всеслав, и другие князья охарактеризованы в Золотом Слове как разорители Русской земли, отвоёвывающие участки у собратьев и ослабляющие Русь.

Ингварь и Всеволод,
и все три Мстиславича,
не худого гнезда соколы!
Не по праву побед
расхитили вы себе владения!
....
Ярослава все внуки и Всеслава!
Склоните стяги свои,
вложите в ножны свои мечи повреждённые,
ибо лишились вы славы дедов.
Вы ведь своими крамолами
начали наводить поганых
на землю Русскую,
на богатства Всеслава.
Из-за усобицы ведь настало насилие
от земли Половецкой!

Существенная разница между ними и Игорем в том, что их цели не совпадали с интересами Руси. Раздробленная Русь нуждалась не в усилении отдельных княжеств и не в процветании вотчин. Русь требовала объединения, дабы покончить с усобицами и укрепить мощь.

Святослав понимает, что теряет силы. Он также понимает, что Игорь — идеальный для Руси того времени тип правителя, поскольку печётся не о богатстве, а о славе. Что же касается неожиданной вылазки Игоря, то бескорыстное, не ориентированное на наживу безрассудство иногда становится решающим фактором для победы при прочих относительно равных условиях.

Кроме того, Святослав, по-видимому, надеется, что Игорь извлечёт урок из своего опрометчивого поступка, запомнив опыт всеобщего поношения. Это ведь не буй-тур Всеволод, для которого любые уроки, скорее всего, будут бесполезны, поскольку кровь не укротишь.

Так, путём сравнений с другими князьями, постепенно вырисовывается набор качеств, выгодно отличающий Игоря от остальных. В Золотом Слове Святослав не просто призывает князей объединиться и выступить в защиту Игоря, но исподволь подготавливает мнение о его исключительности.

Возвращение блудного Игоря

Христианская нота, слабо прорывающаяся тут и там, неожиданно разрешается мощным заключительным аккордом за веру. В этом контексте возвращение Игоря в родные пенаты читается как возвращение блудного сына, который «был мёртв» в стане язычников, «а теперь ожил». И это взрывает текст, потому что только в этот момент и осознаёшь, в чём месседж автора, показавшего, что никаких христианских убеждений у князей и близко не было, что все они пропитаны языческой ментальностью стяжательства и молятся на золотого тельца. Формально они христиане, но, не усвоив сердцем христианских заповедей, они действуют ничуть не лучше, а порой даже и хуже язычников, не дававших обет Господу стоять на страже Его закона. Обирая ближнего своего, разоряя земли, они тем самым попирают основы христианства. Посему концовка «Слова» направлена не на прошлые походы, а на будущее. Она не о том, как было, а о том, как должно быть. Здесь певец перенимает эстафету у правителя и вводит новое измерение — духовное — в миссию объединения, поднимая объединение княжеств на уровень духовного *единения*.

Как видим, разговор о двух типах певцов в начале «Слова» — не просто отступление. Начиная и завершая темой певца, автор делает её обрамляющей, что заставляет задуматься о цели произведения.

Для чего оно написано и на кого направлено? Подтекст «Слова» и его скрытый посыл выносит его за рамки летописного жанра. И художественность его другого, не сугубо описательного или чисто идеологического толка. В нём содержится больше того, что можно почерпнуть из внешних деталей.

Это произведение иного плана, в котором разговор о судьбе и направлении государства, о выборе преемника и стратегии ведётся на более искусном языке, чем язык Бояна. А если так, то автор апеллирует явно не к простому читателю, ориентированному на княжьих песнотворцев…

И в завершении: кто же заглавный герой «Слова»? Не Игорь. Иначе бы название было «Слово о князе Игоре». Герой - полк Игорев, то есть тот потенциальный пласт русичей, который только формируется в процессе становления самого Игоря. Именно он должен стать поддержкой Игорю в его будущей миссии.

Все эти и другие идеи и легли в основу моего перевода «Слова».

ПРИМЕЧАНИЯ

[1] А.Н. Ужанков. Эволюция писательского сознания в русском литературном процессе XI — первой трети XVIII века. // Вестник Литературного института им. А.М. Горького. №2. М., 2006. С. 9.

[2] Д. С. Лихачев. «Слово о полку Игореве» и особенности русской средневековой литературы. // Слово о полку Игореве — памятник XII века. — М.; Л., 1962. — С. 300-320.

³ А.Н. Ужанков. Указ. соч. С. 8.

⁴ Д. Лихачёв. Золотое слово русской литературы. // Слово о полку Игореве. М.: Худ. лит., 1983. С. 91.

⁵ Здесь и в дальнейшем будет цитироваться перевод Д. С. Лихачёва по изданию 1983 г. В случае исключений в тексте будет указан другой переводчик.

⁶ Д. Лихачёв. Указ. соч. С. 165.

⁷ Д.М. Шарыпкин. Боян в «Слове о полку Игореве» и поэзия скальдов. // ТОДРЛ. Л., 1976. Т. XXXI, С. 22.

⁸ Д. Лихачёв. Указ. соч. С. 7.

⁹ Б.И. Яценко. Там же.

¹⁰ Б.И. Яценко. Там же.

¹¹ В. Ф. Миллер оспаривал реальность Бояна, утверждая, что в «Слово о полку Игореве» он «введен как пиитическое украшение... имя вещего поэта, потомка божества, должно украсить произведение автора, возвысить его в глазах читателей (Взгляд на «Слово о полку Игореве», с. 125)». Цитируется по: Булахов М. Г. «Слово о полку Игореве» в литературе, искусстве, науке: Краткий энциклопедический словарь / Под ред. Л. А. Дмитриева. — Минск: Университетское, 1989. — 247 с.

¹² См. Н. К. Гудзий. Еще раз о перестановке в начале текста «Слова о полку Игореве». — ТОДРЛ, т. XII. М.—Л., 1956; В. А. Рыбаков . «Слово о полку Игореве» и его современники. М., 1971, и др.

¹³ См. Соколова Л. В. Троян // Энциклопедия «Слова о полку Игореве». Т. 5.

¹⁴ Отстаивая точку зрения о том, что и светским источникам были свойственны отступления, В.П. Адрианова-Перетц пишет: «напыщенность («лихие словеса») и красноречье («велеречье») противопоставляются Амартолом заботе об истине — «пекущеся истиньных предания»; простое «неукрашено», но правдивое изложение предпочтительнее «с лжею» пространного. Конечно, монах Георгий Амартол считает предосудительным «велеречье» еще и потому,

что оно идет от «елиньских» — языческих — «ритор», он требует «душеполезного учительства», но все же «истину неукрашену» в историческом повествовании он ценит и за то, что, просто изложенная, она понятнее и полезнее людям. Эта мысль в своей основе очень близка к намерению автора «Слова» говорить «по былинамь сего времени, а не по замышлению Бояню», хотя, как увидим, к творчеству Бояна он относился с полным уважением — он для него и «вещий», и «смысленый».». Адрианова-Перетц В. П. «Слово о полку Игореве» и памятники русской литературы XI—XIII веков / АН СССР. Ин-т рус. лит. (Пушкин. дом); Ред. кол.: М. П. Алексеев, Д. С. Лихачев, О. В. Творогов (отв. ред.). — Л.: Наука. Ленингр. отд-ние, 1968. С.10.

15 Яценко. С. 120.

16 Лихачев Д. С. Исторический и политический кругозор автора «Слова о полку Игореве» // Слово о полку Игореве: сб. исслед. и ст. / под ред. В. П. Адриановой-Перетц. — М.; Л., 1950. — С. 50.

17 Адрианова-Перетц В.П. Указ. соч. С. 24.

18 Лихачёв Д. Слово о полку Игореве. Указ. соч. С. 167.

19 См. Соколова Л. В. Указ. соч. Кроме того, в словаре Брокгауза и Эфрона читаем по этому вопросу следующее: «"Т." славянских преданий получил свое имя от римского императора благодаря тому, что славяне обитали в Дакии, где пришли в соприкосновение с римской империей при Траяне. Имя Т. в ряду славянских божеств, наряду с Велесом и Хорсом, встречается в одной из славянских редакций хождения Богородицы, в рукописи XII в. В "Слове и откровении св. Апостол", напечатанном по рукописи XVI в. Тихонравовым, Т. стоит рядом с Хорсом, Перуном и Дыем, причем о нем говорится, что он "бяше царем в Риме". Эпитет "Т." встречается тоже неоднократно в Слове о Полку Игореве. А. Н. Веселовский, признавая, что в одних случаях этот эпитет Слова навеян легендой об императоре Т., в других случаях объясняет появление его в Слове влиянием так наз. "Траянских Деяний", широко распространенных в средневековой литературе. Эпитет Слова: "внук Т."

Веселовский сближает с легендой о происхождении разных народов от троянцев.» Цитируется по http://www.booksite.ru/fulltext/bro/kga/4/4739.htm

[20] Л. В. Соколова. Указ. соч. Там же.

[21] Цитируется по Л.В. Соколова. Энциклопедия «Слова о полку Игореве»: В 5 томах / Рос. акад. наук. Ин-т рус. лит. (Пушкин. дом); Ред. кол.: Л. А. Дмитриев, Д. С. Лихачев, С. А. Семячко, О. В. Творогов (отв. ред.). — СПб.: Дмитрий Буланин, 1995. Т. 2.

[22] Б. И. Яценко.Указ. соч. С. 116.

[23] Б. И. Яценко.Указ. соч. С. 121.

[24] Полное издание русских летописей. Москва: Восточная литература, Т. 1, с. 538. Перевод мой — В.З.

[25] Шахматные аналогии в приложении к принятию решений разработаны в трудах проф. А. Каценелинбойгена.

Слово о полку Игореве
перевод

Не настало ли время, братья,
В духе старых былин поведать
Эту повесть,
Страстей исполненную,
О полку Игоревом,
Игоря Святославовича?
Да будет же песнь начата
Как правдивая наша история,
А не вымысел изощрённый Бояна!
Боян ведь, певец искусный,
Сотворяя кому-нибудь славу,
Растекается мыслью по древу,
Серым волком бежит за добычей,
Чтоб воспеть её, наслаждаясь.
Даже в небо орлом взмывает.
Что на память придёт — то вещает.
Лишь событье мелькнёт перед взором —
Тут же пустит он десять соколов,
Цепких соколов — на струнновыйных
Лебедей. Кто настигнут первым,
Тот исторгнет хвалу немедля
Князю Мудрому Ярославу,
Или брату его Мстиславу,
Что в бою одолел Редедю,
Или славному князю Роману…
Нет, не соколов десять, конечно,
Но свои говорливые пальцы
Возлагает Боян на струны.
И, живые, они вещают
Безграничную шумную славу.

1

Ну а мы начнём эту повесть
От Владимира, старого князя,
И до Игоря молодого,
Что охвачен был дерзким стремленьем
И направил ум свой и сердце
На свершение подвига — ради
И во славу земли нашей Русской.

2

Посмотрел на слепящее солнце
Князь Игорь, в поход выступавший,
И увидел, как тьма, разливаясь,
Накатила на всё его войско.

И сказал тогда Игорь дружине:
— О дружина моя, о братья!
Нет назад нам дороги. И лучше
Быть убитым, чем пленным. Так сядем
На своих на коней ретивых,
Доберёмся до синего Дона!

Обуяло его желанье,
Безрассудство затмило опасность.
Только Дон покорить бы великий!

— Жажду я, — говорит, — сраженья
В Половецкой степи бескрайней,
Жажду так, что и жизни не жаль мне.
Вместе, русичи, головы сложим!
Любо мне напиться из Дона.

3

О Боян, соловей всем известный!
Уж какие бы песни сложил ты,
Как бы ты изощрялся пристрастно,
Как заумно слагал бы куплеты,
Восхваляя поочерёдно
То того, то другого князя,
Возвращаясь к событьям далёким!

Ты бы так вещал о походе:
«То не буря подняла стаи,
Над полями внося смятенье, —

То стада половецких галок
Бегством к Дону бегут спасаться».
А ещё бы свистал ты, Бояне:
«Кони ржут за сулою, и эхом
Откликается в Киеве слава.
Только Новгород трубы заслышал,
Как в Путивле уж подняты флаги!»

4

Игорь ждёт с нетерпением брата.
Вот он мчится к нему, буй тур Всеволод,
Восклицая:
— Единственный свет наш,
О единственный свет ты наш, Игорь!
Оба вместе мы Святославовичи!
Оседлай же коней своих быстрых,
А мои-то давно наготове —
Я ещё снарядился под Курском.
У меня дружина бывалая:
И под звонкими трубами взрощена,
И под шлемами строго взлелеяна,
С острия копия вскормлена.

Все пути и дороги ей ведомы,
Все овраги тёмные знаемы.
Видишь, воины ждут в нетерпении —
Тетивы на их луках натянуты,
Колчаны расписные отворены,
И зеркальные сабли отточены.
Сами скачут, не ведая робости,
Точно серые волки в поле,
Ищут чести себе — князю славы.
Тогда Игорь-князь
Да вскочил в седло.
В злато стремя войдя,
Отправился
В путь-дорогу по чистому полю.

5

Меркнет солнце темнее темени,
Страшен ночи лик среди бела дня.
Засвистал, завыл мир встревоженный,
Заметался див
На дубу своём,
Кличет беды,
Велит прислушаться —
Кто ступает там, по траве ночной.

Слушай-вслушайся, край неведомый,
Распознай же их, земля незнаемая,
И Поморье,
И Волга,
И Посулие,
И Сурож,
И Корсунь,
И ты, тьмутороканский болван!

6

Иполовцы дорогами нехоженными
Заспешили к Дону великому:
Кричат их телеги в полуночи,
Точно лебеди обезумевшие.
Игорь к Дону войско ведёт!

7

А беды на дубах вьются птицами,
А несчастья по оврагам рыщут волками.
И орлы своим клёкотом предвкушают пир,
И лисицы, учуяв,
Брешут яростно.

О Русская земля! Уже за холмом лежишь!

8

Долго меркнет ночь,
Свет зари запал,
Утащил поля в подземелия.
Но не щёлкает соловей во мгле,
Только галки трещат взбудораженно.

Молча выстроились
В глубине ночи —
Щит к щиту — бесстрашные русичи,
И поля преградили половцам —
Жаждут чести себе, князю — славы!

9

В пятницу,
Лишь только утро взойти приготовилось,
Растоптаны были
Поганые полки половецкие.

Как стрелы, выпущенные вослед добыче,
Бросились победители за девками красными,
За обозами с дорогими камнями и златом.

И хлюпали болота, пожирая настилы
Из роскошных покрывал и изделий узорчатых,
Брошенных под ноги воинами Игоревыми.

Сам же Игорь не польстился ни на девок,
Ни на аксамиты дорогие,

Ни на злато или паволоки.
Взял он себе только флаг червлён,
Да белую хоругвь, да червлёную чёлку,
Да древко серебряное —
В знак победы над ворогом.

10

Дремлет в поле Олегово храброе гнездо.
Далеко залетело!
Никому не хотело зла чинить —
Ни соколу, ни кречету,
Ни тебе, чёрный ворон, поганый половец!

Спят, сражённые сном, не слышат,
Что Гзак по дорогам ссрым волком трусит,
А Кончак впереди ему путь расчищает
К войску сонному,
К Дону великому.

11

День восстал,
Будто воин израненный,
Из царства тьмы. После битвы с бездной
Тучи хлынули с моря на степи,
Хочется им навести затмение
На четыре солнца — на род Святославовичей.

Быть же, быть же грозе смертельной,
Грянуть с Дона дождю стреловидному!

Не одно тут копьё преломится,
Не одна тут сабля притупится
О шлемы половецкие
На реке Каяле,
На берегах Дона великого!

О Русская Земля! Уже за холмом лежишь!

12

Это ветры, Стрибоговы внуки,
Направляют своё дыханье
В унисон с половецкими стрелами,
Что летят на дружину Игореву.

Стонет, стонет земля под воинами,
Реки мутны, как очи безумного.

Тусклый свет по полянам стелется.
И разносят стяги известие:
Продвигается враг бесчисленный
И от моря, и Дона великого,
И от всякой земли окружающей.

И навстречу кличу бесовскому
Оградились щитами русичи.

13

Яр-тур Всеволод! Стоишь в центре брани,
Мечешь стрелы и мечом гремишь.
Не уйдёт от твоей расплаты
Голова на плечах половецких!

Всё забыто тобою в запальчивости —
Честь, богатство, престол твой в Чернигове,
Ни о ранах не мыслишь опасных,
И не жаль тебе жизни собственной,
Будто жизни врагов своих лютых.

Даже образ любимой Глебовны —
Всё померкло в азарте сражения.

14

Ушли в преданье века Трояна,
Позади уж лета Ярослава,
Было и время Олегово,
Олега Святославовича.
Смутное время, ненастное.
Земля засевалась стрелами,
И всходы были кровавыми,
Но ненасытен Олег был,

Ковавший мечём крамолу.
Вот он вступает в стремя,
И звон золотого стремени
Тревожит могилы предков,
Деда его Ярослава,
Колоколом несчастий
Гудит в ушах Мономаха.
Олег ослеплённый мчится
В Тьмуторокань за подмогой.
И гибнет Борис в наказанье
За хвастовство перед битвой.
Не обошла погибель
И противника их Святополка.
Ты воистину был Гориславович
Для земли разорённой русской,
Князь Олег, зачинщик усобиц.
В твою бытность дикую пахарь
Появлялся редко на поле.
Что вспахать он мог? Разве — кости
Под вороньими жадными грудами…

15

Ну а нынче гремит пуще прежнего,
Пуще виданных всех и невиданных
Самых рьяных и жарких битв.

Всё костьми дроблёнными устлано,
Тёплой кровью живою полито,
И дымится теплом человечьим,
Уходящей жизнью земля.

Мчится Игорь, не в силах вынести
Этот стон расчленённого племени.
Он велит на заре поворачивать
На подмогу буйному Всеволоду.
Бьётся день и другой, а на третий
Ближе к полудню пали стяги.

Разлучились тут братья, отторгнутые
Друг от друга половецкими ханствами.
Там, на береге быстрой Каялы,
Без них уже пир довершался,
И орды гостей бесчисленных
Наполняли шлемы, как кубки,
Кровью доблестных русичей.

16

И девою белоснежной
Горечь выгнула лебединую шею
И восстала из самого сердца
Скорбящего внука Даждьбожья.

И пошла по земле своих предков
Исторгнутой думой о прошлом,

Пасмурной, горестной думой
О тех временах усобных,
Когда обращение к брату
Велось языком стяжательств:
— Это моё! — брат молвил.
— А это — моё! — брат вторил.

И вскоре не различали,
Что важно, что второстепенно.
Растерзанною добычей
Смотрела страдалица Русь.

17

Увлечённый охотой,
Сокол к морю пустился.
Потерялся из виду.
Не воскреснуть Игореву полку!
Погребальные боги
По земле онемевшей
Мчатся, боль разжигая,
Погребальными факелами на всём скаку.
Плачут вдовы о милых:
— Не вернуться вам, ладо.
Было солнце в светлицах,
А теперь только — ладан.
И не свидеться больше нам,
И не тешиться больше нам,
Ни мыслью, ни сном,
Ни златом, ни сребром.

18

И разлилась тоска
По Русской земле,

Стонут Киев с Черниговом.
Хорошо ли теперь,
Боевые князья,
Под поганым игом?

Но не слышат князья —
То лютуют, то пьют,
Платят половцам дань,
И крамолу куют
На печаль земли своей Русской.

19

А было ведь время, когда Святослав
Рукою державной и грозной
Пресёк все усобицы, погнав Кобяка,
Подмял Половецкую землю,
Потоптал все холмы и овраги её,
Возмутил озёра и реки.
И в темницу свою приволок Кобяка,
Утвердив этим власть и величье.

Но недолго длились мир да покой.
Сыновья Святославовы — Игорь и Всеволод —
Меж собой сговорившись, снарядились в поход
Против половцев войска бесчисленного.

Захотелось им славы мгновенной пожать,
Слыть героями в битве неравной.

Обрекли свою землю на голод и мрак,
Потопили на дне Каялы
Всё богатство, всё злато русской земли.

Возмутился люд против Игоря.

Осыпают хулою виновника бед
И славу поют Святославу.

Тут покинул Игорь Золотое седло,
Пересевши в седло кощеево.

20

И видится Святославу тревожный сон
В Киеве на горах.

— Снится мне, будто в ткани чёрные
Заворачивают меня, бояре,
И кладут на кровать тесовую, а после
Льют вино синее, с горем смешанное.
Из пустых колчанов ненавистных половцев
Жемчуга мне на грудь проливаются.
И смотрю — отверстие в златоверхом тереме,
Будто готовятся покойника вынести.
Серые вороны клубятся, как тучи,
В этом проёме разобранном
И вместе с ночью кромешной уносятся
К морю.

И тогда ему отвечают бояре:

— Уж, княже, вещий сон тебе виделся.
То два сокола отчий престол покинули,
Вспорхнули со златоверхого терема
И отправились в город Тьмуторокань,
Вожделея испить из Дона.
Уж потешились сабли поганых о крылышки
Тех князей, уж опутали в путы железные.

21

— И оттого тебе ночь снилась, —
Продолжали сон толковать бояре, —
Что темно было в третий день этой битвы.
Ибо где ж взяться свету,
Если два солнца померкли,
Кому же светить,
Если оба багряных столпа погасли!
Заволокло теменью и древо их рода.
Морскою стихией
Взыграло буйство восточных народов.
Гепардами половцы
Стали по полям разбегаться.
Буря страстей человеческих
Хаосом земли объяла.
Красные девы готские
Звенят золотыми браслетами из русских
сокровищниц,
К мести за старые пораженья взывают.

22

Изрёк тогда великий Святослав своё Золотое Слово.

— О сыновья мои, Игорь и Всеволод!
Не время вам было выходить на половцев,
Не время было славы искать.
Тайно от нас затеяли этот поход,
Нечестно пролили кровь поганую.
В буйстве сердца ваши дерзкие закалены.
О, зачем вы седины мои оскорбили!
Зачем лишили силы Русскую землю!

Теряет былую власть Ярослав.

А ведь войско сго

Известно своим боевым задором.

Как они побеждали врага!

Стоило только

Клич им воинственный кликнуть —

И громили поганых одними ножами сапожными.

Но нет! Не хотелось вам славою с ними делиться!

Всё решили себе присвоить — все почести.

Как мне быть?

Сил во мне ещё хватит.

Только это ль не диво — старому стать молодым?

Сокол сбрасывает оперенье —

                        мне своей седины не сбросить.

Да и помощи ждать от князей — напрасно.

Великий князь Всеволод!

На что тебе сила дана невиданная!

Можешь ведь Волгу вёслами расплескать,

А Дон шеломом вычерпать.

Был бы ты сейчас здесь, рядом со мною!

Вместе бы и одолеть нам ненавистного ворога.

А вы, буй Рюрик и Давид!

Не ваши ли воины

В собственной крови тонули,

Не вам ли пристало выступить

За землю Русскую,

За раны Игоревы!

И ты, галицкий Осмосмысл Ярослав!

Сидишь на вершине,

Подпираешь горы Угорские

Своими железными полками.

Не время на мир смотреть

С высоты своих собственных подвигов!

Собирайся в поход,

Стреляй в Кончака,
Кощея поганого,
За землю Русскую,
За раны Игоревы!
И вы, Роман и Мстислав,
И вы, Ингвар и Всеволод,
И все три Мстиславовичи,
Восстаньте же стрелами острыми!
Ждёт Русская земля!
Взгляните,
Уже померкло теченье Сулы —
Не серебрится как прежде,
И Двина болотом течёт —
Что стоит перейти её половцам!
Вспомните, как Изяслав
В одиночку пошёл на литовцев,
Перечеркнул все победы дедовы,
Потерпев пораженье.
И что осталось после него?
Только стих его песнотворца нехитрый:
«Дружину твою
Птицы крылами приодели,
Раны воинов погибших
Звери зализали».
Не было рядом с ним ни брата его Брячаслава,
Ни брата его Всеволода.
Пролилась душа его жемчужная
Через золотое ожерелье вокруг ворота.
Один встретил он свой смертный час.
О внуки Ярослава и Всеслава!
Забудьте раздоры прежние,
Не прокладывайте своими распрями
Путь поганым к земле нашей Русской!
Вложите мечи свои в ножны,
Ибо лишитесь славы предков своих!

Или вам не урок,
Как на седьмом веке Трояна
Решил Всеслав попытать счастья
И хитростью пробрался к Киеву? Вспомните,
Долго ль правил он,
Добыв престол не в бою и не по наследству?
Только смуту посеял и кровь пролил.
А потом бежал от восставших своих союзников,
И вломился в Новгород,
И волком скакнул до реки Немиги.
Там снопы сложил из голов человечьих,
Жизни молотил цепями булатными.
Всеми правил князь Всеслав,
Над всеми суд рядил.
А ночью волком рыскал,
Ища себе пристанища —
От Киева до Тьмуторокани.
Был он князем без княжества.
Для него звонили к заутрене в Полоцке,
А он тот звон в Киеве слушал.
Вещую душу имел он,
Да страсти его до страданий доводили
неимоверных.
Не зря ведь Боян наш разумный
Сложил про него припевку:
«И птице высоко летать,
А суда Божьего не миновать».
О, стонать земле Русской
Под прахом первых её князей!
Неугомонны были,
Горячи.
Теперь вот другие поднимаются в походы,
Но и у них стяги порознь развеваются».

23

На утренней заре
Звенит тоскующий голос Ярославны,
Разносится от земли Русской к берегам Дуная.
Безымянной птицей
Кличет она в пространство:
— Полечу, — молвит, — кукушкою по Дунаю,
Омочу рукав шёлковый в Каяле-реке,
Утру князю раны кровавые на теле занемевшем.
В рассветной рани
Плачет Ярославна на городской стене,
Приговаривая:
— Ой, ты, ветер-ветрило!
Почто же, господин ты мой,
Гонишь встречным своим дыханием
Смертельные вражеские стрелы
На воинов лада моего?
Или мало тебе просторов морских и небесных,

Что затеял ты развеять моё счастье
Меж ковылей степных?
Причитает Ярославна
В ранней рани

Высоко на стене городской в Путивле:
— Ой, ты, Днепр Словутич!
Ты пробил горы каменные
Сквозь землю Половецкую,
Ты пригнал на себе Святославовы суда
На полки Кобяковы.
Неужто не вернёшь ты ко мне
Моего ладу,
Чтоб не оплакивать мне его спозаранку!
Чуть свет
Голосит на путивльской стене Ярославна
По милому своему, приговаривая:
— Трижды светлое и пресветлое солнце!
Всем от тебя тепло и радостно,
Но почему же, владыко ты мой,
Простёрло ты свои жгучие лучи
На войско князя моего?
Весело ли глядеть,
Как в поле иссушенном
Скручивает им луки жаждой жестокой,
Затягивает колчаны помрачением тягостным?

24

Вспыхнуло море в полуночи,
Завихрили смерчи по небу.
Игорю-князю
Бог путь указывает
Из земли Половецкой
В землю Русскую,
К отчему золотому престолу.

25

Погасли вечерние зори.
Игорь спит,
Игорь бдит,
Игорь мыслью дорогу следит
От великого Дона до малого Донца.

26

Подал знак Овлур за рекою,
Велит Игорю в дорогу собираться,
Велит князю понять:
Негоже Игорю быть в кощеевом стане.
На клич Овлура
Отозвалась земля,
Встрепенулась трава.
Сомкнутые веки половецкие сами разомкнулись.
А Игорь-князь
Поскакал горностаем к тростнику
И пустился белым гоголем на воду.
Вскочил молодцем на посланного Овлуром борзого
коня
И соскочил с него серым волком.
И просочился к излуке Донца,
И взмыл соколом под тучами.
Но когда Игорь соколом полетел,
Тогда Овлур волком устремился,
Сбивая на ходу студёную росу:
Оба загнали ведь своих борзых коней.

27

Донец говорит;
— Князь Игорь!
Тебе слава кругом,
А Кончаку хула,
А Русской земле — ликование.

Игорь отвечает:
— О Донец!
Тебе слава кругом,
Тебе, лелеявшему князя на волнах
И стлавшему ему зелёную траву
На своих берегах серебряных,
Тебе, дававшему тёплый ночлег
Под сенью ветвистых деревьев,
Тебе, охранявшему его гоголем на воде
И чайками на волнах,
И чернядями на ветрах.
Не такова река Стугна.
Злобную струю имея,
Поглотила чужие ручьи и притоки,
И юного князя Ростислава утянула,
Не дав ему спастись после поражения.
До сих пор тоскует мать
На тёмном берегу Днепра
По сыну, безвременно погибшему.

28

То не сороки застрекотали —
По следу Игоря скачут Гзак с Кончаком.
Притих тёмный лес, затаился:
И вороны не каркают,
И галки не трещат,

И сороки не стрекочут.
Только полоз змеиный,
Вечный ослушник Божий,
Ползает-извивается меж пней и трав.
А дятлы тёкотом путь к реке указывают,
А соловьи весёлыми песнями
Рассвет предвещают.

29

И молвит Гзак Кончаку:
— Ежели сокол к гнезду улетит,
Расстреляем соколёнка золочёными стрелами.
А Кончак Гзаку отвечает:
— Ежели сокол к гнезду улетит,
Опутаем соколёнка красною девицей.
— Нет, — говорит Гзак Кончаку. —
Ежели опутаем его красною девицей,
Не видать нам ни соколёнка, ни девицы,
И быть нам битыми
В поле Половецком соколиной стаей.

30

А любимцы Олеговы,
Песнотворцы Святославовы,
Боян да Ходына
Так сказали, ударив по струнам:
— Тяжко голове без плеч,
Беда телу без головы,
А русской земле — без Игоря.

31

Солнце светит на небесах —
Игорь едет по Русской земле.
Девицы славу ему поют,
Города и пригороды гуляют и пьют,
От Днепра до Киева ликует люд.
Едет Игорь к святой Богородице,
Герой на веки вечные.
Что отцы пели,
То и дети петь будут:
«Слава Игорю Святославовичу,
Буй туру Всеволоду
И Владимиру Игоревичу!»
За здравие князей и дружин,
Защищающих славных христиан
От поганых войск половецких!
Князьям слава и дружине!
Аминь.

V. Zubarev

THE SONG OF PRINCE IGOR'S CAMPAIGN

Translated by A. Riasanovsky

1

Has the time not come,
Brothers,
In the spirit of olden
Byliny,
Of olden true-songs
To recount
This tale,
Tempered in passion,
Of warriors
Led by Prince Igor',
By Igor',
Svyatoslav's son...

Vested in truth we commence
Our telling,
Not in Boyan's fabrication -

For Boyan is a cunning
Word-weaver;
Spinning gloss,
He covers the Life Tree.

Gray-wolf like
Chasing his prey,
He sings joy
At the capture!

Eagle-guised and
Cloudward rising,
He declaims all
He can conjure.

And soon as he sees
Something happen,
On swans he loosens
Ten falcons
To shred ribbon necks
With sharp talons!

...first, off to the kill! Now ready
To lavish high praise on the Princes,
On wise Yaroslav and his kinsmen -
On brother Mstislav, the courageous,
Who bested Rededya in combat, or
On fair Prince Roman, the acclaimed!

Not ten falcons, in truth, but ten fingers;
And the strings barely brushed by Boyan
Come to life and play on by themselves,
Chording endless, tumultuous glory!

2

But we will begin our telling
With old Prince Vladimir
And finish
With ardent young Igor',
Who, snared by desire,
Set mind and heart on a deed
Of impudent daring,
And just for the doing! Yet,
Also for Rus', our homeland.

3

The brilliant sun
Gone suddenly blind...

As he marshalled his forces,
Igor' sensed the onset
Of terrible darkness,
Flowing, tide-like, engulfing
His battle companions.
And Igor' spoke out:

"O, warriors! Brothers! There is no road
For returning. Better we perish in battle,
Than languish in alien prison!

Go! Mount your spirited horses!
We ride 'til we reach the Don River;
Blue-watered, the Don lies before us"!

But a longing enveloped Prince Igor',
Turned blind his eyes to all danger:

>Could the Don,
>The Great River,
>Be conquered?

"I thirst", he spoke on, "for a battle
In the Polovtsy step', in the grasslands!
Deep is my thirst. Life itself by contrast
Means nothing. Men of Rus'! Let us die,
If we must, all at once and together!
I must drink from the Don!".

4

O, Boyan! Nightingale far-famous!
What songs you could have fashioned!
Passion-rousing, cleverly crafted;

Lines praising each Prince in due order,
Past heroics to burnish the present,
And describing the battle as follows:

"Not flocks of storm driven birds
Frightened to flight
In confusion

But hordes of Polovtsy-jackdaws
Fast-fleeing
The field,

Seeking the Don, and from Igor'
Seeking
Salvation!"

And you also, Boyan, might have warbled:

"Horses neigh beyond Sula-River
And glory echoes in Kiev!

While Novgorod listens to war-pipes,
Flags fly unfurled in Putivel'!"

5

Impatiently pacing, Igor' waits for his brother...
At last he comes - Wild-Bull Vsevolod galloping,
Bellowing:
"Light, only light
Of my eyes! You and I are Svyatoslav's sons!
So saddle your fast-stepping horses; mine
Are long-time saddled!

Resupplied in Kursk-town, my druzhina

Stands ready; all veteran warriors reared
To war-music; sternly cradled in helmets;
Fed from spear-point!

Taut their bowstrings; open wide their painted
Quivers; sharp-honed, mirror-bright their swords.
My warriors know all the roads, the murky ravines,
All the by-ways...

Gray wolf-like and fearless
They range fields of battle,
Seeking honor for self

And for their Prince -
Glory!"

Then Igor', the Prince,
Fast-saddled his mount,
Placed feet in his stirrups
Of gold, and set forth
On his way-road
Through fields yet unsullied,
Virgin fields still untouched
By the plow...

6

Dimming the sun-disk
Turns darker
Than darkness...
A horrible night-face
Now daunting the day!

Nature, alarmed,
Moans and hisses

While the div -
Maleficent demon! -
Casting about
On oak tree,
Compelling attention,
Screeches disaster:

"Who tramples
The night-grass?
Listen
And hear me,
Regions scarce travelled,
Nations unknown,
Disclose and betray them

O, Seashore of Azov,
Riverlands of Sul`a
And the Volga,
City of Surozh,
Half-island of Korsun',
And you, dire Idol
Of T'mutorokan'!"

7

And the Polovtsy, lo! By pathways
Untrodden,
Scurrying, press their way
To the Don -

Well into midnight,
Their wagons keep moving,
Screeching like swans
Pain driven

To madness...

Don the Great! Where Igor'
Also marches his warriors.

8

Bird-like, misfortune
Weaves
Through the oak-trees,
Calamity courses
Like wolves
Through ravines!

Snapping beaks,
Eagles foretaste
Their feasting;
Foxes,
Sniffing a banquet,
Yelp with delight!

O, Land of Rus'! Behind a hill you lie hidden.

9

Slowly the dawn replaces night-darkness.
In the gloom mist covers fields and they
Disappear, as if swallowed. Nightingales
Don't trill. And only impudent jackdaws
Cackle, aroused.

Deep in the night and in silence,
Brave men of Rus' formed their front:
Shield locked upon shield to deny
Command of the field, free passage

To Polovtsy horsemen.

Seeking honor for self
And for their Prince -
Glory!

10

On Friday,
Just as morning was ready
To mount the sky,
They trampled the Polovtsy
Pagans!

Then,
Like arrows aimed at prey,
The victors sped after booty -
Comely maidens, wagons loaded
With gold, precious stones
And brocades... as the marshland,
Slurping, devoured
Coverlets, hangings, mantles
And capes Igor's men
Had flung underfoot
To cover the mire.

Yet Igor' himself did not covet,
Neither virgins nor gold,
Neither gems, nor lusterous
Fabrics. Not riches he took,
But a white gonfalon,
A vermillion flag,
A standard of horse-hair
Dyed yellow,
And a silver-chased hilt.

From the vanquished he took
But proof-tokens of triumph.

11

Slumbering lies in the field
Prince Oleg's brave aerie...
Far from Rus' it has flown,
Wishing evil to no one:
Not to falcon nor hawk,
Nor to you, black Polovtsy-raven.

Soldiers doze, felled by dreams
Unaware of Gzak's stealthy approach -
As Konchak, trekking ahead, clears the way
For the Polovtsy wolfpack

    To the sleeping Rus' warriors,
    To the Great Don.

12

Day,
From the Kingdom of Darkness
Arose, as a warrior would,
Many-wounded.
Clouds, having fought the Abyss,
Now rush from the sea
To cover the grasslands...
They seek to eclipse the four suns -
Prince Svyatoslav's own generation.
There will come, there will come
Deadly storms from the Don
And rains will fall sharp as arrows...

> More then one lance
> > will be broken
> More than one sword
> > will be blunted
> Against Polovtsy helmets
> On Kayala River, on the banks
> Of the Great River Don!

O, Land of Rus'...
Behind a hill
You lie hidden.

13

Winds!... you Grandsons of Stri-god!
You have tuned your own exhalations
To the flight of Polovtsy arrows
Aimed at Igor's druzhina,
His warrior-guardsmen.

Rivers turn turbid
As eyes of a madman;
Dull light creeps
In the meadows,
As banners carry the news:

A countless foe is advancing
From seaward,
From the Great River Don,
And from every earthly
Direction.

But defying the shrieks
Of the Fiend,

Raised on guard
Stand the shields
Of the Rus'-folk.

14

Vsevolod!
    Raging Bull,
In the center of battle!
Stalwart you stand, flinging darts,
And your swordstrokes resound
Like thunder!
Heads on Polovtsy shoulders
Won't escape your sure
Retribution. In your war-rage
All is forgotten: honor, riches,
Your own princely throne
In Chernigov. Wounds mean nothing to you
For your own life you value
No more than the lives of your merciless foe!

Daughter of Gleb!
                ...wife ... beloved
...images fade in the fury of warfare.

15

The Epoch of Troyan
Is now a legend...
Prince Yaroslav's Age
Recedes in the past...

There was also the span
Of Oleg's generation -
Prince Oleg, who was

Svyatoslav's son.

Those years were troubled,
Grim and inclement;
The earth sown with arrows
Bore bloody harvests.

Harsh was Oleg!
His ambition - nonending;
With swordstrokes he hammered,
Forging rebellion.

Lo! In stirrups of gold
He set foot, and the clanking,
Disrupted the quiet of graves,
The repose of ancestors -

        Of Prince Yaroslav
        His Grandfather! -

And the noise did not cease,
But like bells of misfortune,
Continued to drone
In Prince Monomakh's
Ears.

To T'mutorokan'
Oleg heedlessly scurried
Seeking aid
From his ally Boris...

But Boris - braggart Prince,
Was chastized by death:
Felled justly, in stride
Of his pre-battle boasting!

> ... and death did not miss
> But claimed as well
> Prince Svyatopolk
> Their foe.

Truly, Oleg,
You were sower of strife
And a son of malfortune.

In those years,
Our land was despoiled,
And the earth lay fallow,
Untended. Few plowmen appeared.
And in truth, what was there
To plant and to harvest?

Only piles of bones
Picked clean
By predator ravens.

16

War thunders today!
Far worse than before,
Worse than previous storms,
Seen and unseen...
More bloody, more heated
Than warfare of yore.
All is covered with shards,
With splinters of bones,
Wetted by lifeblood... and slowly,
In the death throes, the earth,
Like mere smoke, exudes
Human warmth.

Igor' hurries!
He cannot abide
The cries of kinfolk
Dismembered.

So, fast upon dawn,
Igor' orders his men
To reverse their march
And to speed to the aid
Of his Wild-Bull brother.

One fullday they fought;
Then the second... and
On the third, hard upon
Midnight, Rus' banners
Fell... and the brothers
Were sundered by Polovtsy
Hordes, by two tribes
Of Polovtsy nomads -
And there, along Kayala,
The Swift River, a banquet
Was ended. Swarms of guests
Uninvited filled helmets,
Like goblets, with blood
Of the valiant Rus'.

17

Grandson of Dazhd'bog!
God-the-Giver's grandson...
Straight from your heart,
Bitter grief, maiden garbed,
White as snow, bends, swan like,
It's neck, and takes flight...

Over ancestral land, tortured
By thoughts of the past, by acrid
Remembrance of years when brother
Talking to brother, spoke cupidity's
Jargon: "This", a brother would say,
"Also that - both are mine!".

All too soon, they no longer could tell
What was vital, and what - incidental...

> While Sufferer-Rus'
> Looked helplessly on,
> Torn apart by acts
> Of predation.

18

A falcon, hot-blooded,
Pursuing his prey
Was lured-out to sea
And vanished from sight.

For Igor's men
There is no
Resurrection...

Over the land, muted to stillness,
Burial gods now gallop full-tilt,
Spreading fires of pain with
Funeral torches. Widows lament
The departed: "O, my husband, my precious -
You cannot return... where before
In our home there was sunlight,
There are now, but clouds of burial
Incense...

And we won't see
Eachother
Nor take pleasure
Together
Not in thought,
Not in deed,
Not in dreams

Not in silver
Nor gold."

19

And grief flowed over Rus'
As the cities, Kiev
Along with Chernigov,
Lamented: "Is life
Now good
        under the yoke
Of foreign
Oppression?

What say you to that
Warring Princes?".

But the Princes
Failed to hear,
For they drank,
They performed
Dreadful deeds
And in turn,
Paid tribute
To the Polovtsy
Pagans...

Thus shaping betrayal
To the sorrow of Rus'.

20

But truly, a time
There was
When Prince Svyatoslav
With a sovereign
And terrible hand
Quelled all strife
Among Princes.
He then bested Kobyak
Sent the Polovtsy fleeing,
And their hills he ground
To dust,
Levelled flat their ravines
And churned-up their rivers
And lakes.
Kobyak he dragged back
And close prisoner held
In the darkest cell
Of a dungeon.

And thus Svyatoslav
Affirmed for himself
Both greatness and power
Of sovereign command!

But quiet
And peace
Did not last...

For Svyatoslav's son's,

Igor' and Vsevolod
Together conspired,
Launched a campaign
Against a numberless
Polovtsy host,
Wishing to win
Instant fame,
Adulation as heroes
For daring to challenge
Great odds. But instead,
They doomed their land
To hunger and darkness;
In Kayala River
They drowned the gold,
All the riches of Rus'.

And the people in anger
Heaped scorn upon Igor',
And sang glory-songs
In Svyatoslav's honor.

Whereupon Igor' gave up
His Rus' saddle of gold
For a nomad saddle
Of Wizard Koshchei.

21

In the hills of Kiev
Prince Svyatoslav saw
A disquieting dream.

And
He said:
"So it seemed,

That you, Noblemen-Boyars,
Tightly bound my body
In black linen-cloth;
Then laid me to rest
On a bedstead
Of yew-boards;
And poured me blue wine
With grief as admixture,
While from arrowless,
Hated-Polovtsy quivers,
Pearls, as raindrops, fell
Onto my chest

         ...and then

In my Goldheaded Tower,
I visioned a breach -
Ready made
For a dead man's departure;
And through it I witnessed
Flocks of gray raven,
Gleaming like clouds,
Together with night's
Utter darkness, fly on
To the sea."

And the Boyars
Then answered:

"Prince, what you saw was
A dream of great portent:

For two falcons
Surely took flight
From your throne,
Their father's
Goldheaded Tower

And took course
For the City
Of T'mutorokan'.

   All a thirst
   To drink
   From the Don.

But pagan swords played games
With their pinions...
An the Princes were bound
In chains of iron".

22

"And you dreamt of night-darkness",
Thus the Boyars sought to unravel
Prince Svyatoslav's oracle-dream,
"For darkness did fall on the crucial
Third day of the battle. And wherefrom
Can light come if two suns were already
Extinguished;
If two crimson pillars
Of fire were dimmed in the struggle?
And the Family Tree of the Princes
Was likewise covered by darkness.

Then, as a tempest raging at sea,
Burst forth the wild step' people,
And Polovtsy-Nomads, like leopards,
Now race through the fields...

Human passions, unbriddled,
Strangle the land in chaotic
Embrace. Comely Goth maidens

Jiggle gold bracelets taken
From Rus' treasure hoards,
Inciting their men to avenge
Past defeats they had suffered".

23

It is then, that Great Svyatoslav
Pronounced his golden,
His far-reaching Word:

"O, my sons -
          Igor' and Vsevolod!
It was not the right time for you
To challenge the Polovtsy-Nomads;
Not the time to quest for ought else
But personal glory. In secret from us
You plotted your onslaught, and shed
Pagan blood, thereby, in dishonor.

          In fires of violence, clearly,
          Were forged your tempestuous
          Hearts. But why must you shame
          The gray head of your father?

Why wantonly squander the power of Rus',
Our homeland? Prince Yaroslav's strength
Now wanes; yet his warriors still
Are renown for their battlefield fervor.
With what skill they defeat their foe!
A call-to-arms was all that was needed;
And the pagans could have been bested
With weapons no fiercer than knives used
By cobblers. But no. Not for you to share
Any glory; just for yourselves you wished

To reserve all the honor.

                              ...and what can I do?
Strength enough - I still have; but would it not
Be too much of a marvel, if an old man grew young
Once again? A falcon, when molting, can drop his
Old feathers; thus to shed my gray hair I cannot.
Yet, simply, to wait for aid from the Princes
Is useless.

Great Prince Vsevolod! Why were you given
Such strength, unseen among men heretofore?
Just by splashing your oars, you can empty
The Volga; with your helmet, scoop out the Don!
If this day, you could only be here, by my side
We, together, could trounce the much hated foe.
And you - wild Riurik and David! Was it not
Your own men whom the nomads drowned in blood?
Has the time not come for you to step forth
For the Land of Rus', to avenge Igor's wounds?

And you, Yaroslav of Galich, Prince
Of Eightfold Astuteness! You repose
At the top, as your iron detachments
Brace the Hungarian Hills. Not now
The time to rest, looking down
From the span of your laurels!
Stand full ready to march! Send
Your arrows straight at Konchak -
Pagan Wizard Koshchei! For the Land
Of Rus', to avenge Igor's wounds.

And you, Roman and Mstislav; and you
Ingvar, Vsevolod; and you, three sons
Of Mstislav - Princes all! Raise banners
Of battle, stand straight as sharp arrows!

The Land of Rus' waits on your advent!

Look round!
Sul`a River is silted; it shines no longer
Like silver; the River Dvina now trickles
Through marshland - no difficult task for
A Polovtsy crossing!

Recollect!
How Prince Izyaslav, alone, by himself
Chose to attack the Lithuanians;
His defeat erased all the triumphs
Hard-won by our Grandfathers. And when
He was gone, what remained? Merely lines
Of verse, composed by his not-so-gifted
Song spinner:

> 'With wings birds dressed
> His dead guardsmen;
> Beasts licked-up the wounds
> Of his warrior.'

Briachaslav, Vsevolod - his own Brothers!
Neither stood at his side when his soul
Was scattered, like pearls flowing through
The golden gate of his gorget...
All alone he met his death-hour...

O, Grandsons of Vseslav!
O, Yaroslav's Grandsons!
Set aside all your altercations. Do not
Pave by your strife a freeway for pagans
To Rus', our Land! Sheathe the swords
Of discord lest you squander
All of your ancestral glory!

Is this not a lesson for you:
In the Seventh Age of Troyan,
Prince Vseslav decided to test
His own luck, and by cunning
Crept into Kiev? Recall, how
Long did he rule, having gained
The throne neither in battle
Nor by Right of Succession?
He seeded, thereby, a harvest
Of strife and blood-letting.
When his allies rose in revolt,
He fled north; into Novgorod
Forcing his way. Then wolf-like
He pounced to the River Nemiga.
There, he left human skulls
In sheaves, and thrashed
Human lives with steel flails.

Prince Vseslav
Ruled over all;
He dared judge
Everyone.

But at night
He roved
Like a wolf
From Kiev to
T'mutorokan'
Seeking
A haven...

                    A Prince he was
                    With no Princedom:

If early matins rang-out for him
                In Polotsk
He'd hear the end of the ringing
                In Kiev!

His soul was prophetic -
But his passions led him
To suffer immensely. Not
For nothing our clever
Boyan tagged him with this
To-the-point refrain:

                        'A bird can fly high
                        But will never elude
                        God's own judgement.'

O, Land of Rus',
You shall moan
For the mortal remains
Of your Primary Princes
Weigh heavy upon you.

Restless they were
And hot-blooded.

Others now launch new campaigns,
But their banners fly disunited."

24

Just before dawn, Igor's wife
Yaroslavna began her lament;
Her sorrow-song ringing
From Rus' to the Danube
                        - a nameless bird

She cried
Into empty space:

"If I could but fly in the guise
Of a cuckoo-bird over the Danube,
First dipping my beaver-fur sleeve
In Kayala River... I would then
Wipe all of the blood,
Clean all of the wounds
On the body, now grown numb,
Of my Prince, my beloved."

-early at dawn,
On the city-wall
Of Putivel',
Sang Yaroslavna
Her grief-song's
Refrain:

"O Wind! Great Wind!
Why do you, Master,
Breathing perversely,
Speed the foe's
Deadly arrows
At the warrior-ranks
Of my beloved?

Is the space of the sea,
Is the space of the sky,
For your play insufficient?
Why, then, conspire
To scatter my joy
In the feather-grass
Of the step'?".

                                   - in the earliness
                                   Of earliest dawn,
                                   High on the walls
                                   Of Putivel',
                                   Yaroslavna sang
                                   Her refrain:

"O, Dnepr! You, Far-Famous River!
Shattering stone, you have made
Your way through the mountains
Into Polovtsy Land, and you bore
On Your back Svyatoslav's vessels
All the way to Kobyak's encampment!
Will you not, then, bring back
To me my beloved, so I won't
Have to send my tears seaward
So early".

                                   -and as light
                                   Barely shone
                                   On the walls
                                   Of Putivel',
                                   Yaroslavna
                                   Ended her
                                   Lamentation:

"O, you bright, Thrice-Bright Sun!
To all you give warmth and bring
Gladness! Why, then, Lord Sun,
Must you send scorching rays
At the heads of my Prince's
Companion's? Is it your pleasure
To see in the waterless fields
Thirst twist their bows
In convulsion,

Shut tight their quivers
In madness?"

25

At midnight, the sea,
In turbulence, boiled:
Whirlwinds raced
Through the sky!
God showed Prince Igor'
The way to the Golden
Throne of his father.

26

Sunset glow
Has departed;
Igor' sleeps...

Igor' awakens!
In his mind's-eye
Retracing the way
From the Great River Don
To the humble River Donets.

27

Across water's flow , Ovlur,
Igor's friend, has given the signal:
The time has come to escape!
Igor' must know that to tarry
Brings only dishonor for him!

And the earth itself responds
To Ovlur

Waves of grass swish and whisper
Aroused.

Closed tightly in sleep,
Polovtsy eyes snap open
As, ermine-like, Igor'
Darts for cover
In marsh reeds
                    - and dives
Like a white-feathered drake
Into water
              - then mounts
A fleet-footed steed, Ovlur
In readiness teathered
                  - and speeds
Like a wolf possessed
To the meadow-banks
Of the River Donets,
And flies cloud-high
Like a falcon!

Falcon-like Igor' soars!
While Ovlur races on,
As a wolf
Splashing
Cold morning dew in his
Passage.

Both ride
Their swift steeds
To exhaustion.

28

The River Donets

Speaks to Igor':
"Prince, glory
To you all-around!
Deep disgrace for
Konchak; joy
For the Land
Of the Rus'!".

Igor' replies:
"O, Donets!
Glory to you
All around!

You carried the Prince
In the gentle embrace
Of your waves, spreading
Green grass for his rest
On your very own silver
Banks.

You offered the Prince
Warm night-shelter
Under the spread
Of your many-branched
Trees.

You watched over the Prince
With your own golden eye;
Guarding him, as a drake,
On the waves with your
Gulls, and up in the air
Amongst the high winds,
With your black-crested
Ducks.

Not so, the River Stugna!
In maleficent flow, having
Swallowed all lesser streams,
Smaller currents of water,
It caught and dragged down
Young Prince Rostislav -
Who was vanquished in battle -
Thus ending for him the hope
Of salvation.

        To this very day, on the dark
        Riverbank of the Dnepr
        His mother laments her son's
        All too early departure."

29

Not chattering magpies
Are following Igor' -
But Gzak and Konchak
Are dogging his trail!
The forest waits tensely,
Hushed in expectance:
Ravens don't croak,
Jakdaws don't jabber,
And only a serpent -
Ever the God-disobeyer! -
Slithers and coils midst
The stumps and the grass.

But woodpeckers, in contrast,
Tap-tapping,
Mark the way to the River,
And nightingales, merrily
Trilling,

Foretoken the advent of dawn!

30

And Gzak speaks thus to Konchak:
"Should the falcon fly home
To his nest
With gilded arrows let's feather
The falcon's young son."

And Konchak answers Gzak:
"If the falcon has truly returned
To his nest,
With fair maiden we'll snare
The young falcon."

"No", Gzak replies to Konchak,
"If we set such a trap,
We'll lose both the maid
And the falcon. They'll flee,
And bring down upon our heads,
In Polovtsy Land, the falcon's
Full aerie aroused!".

31

Boyan and Khodyna,
Favored by Oleg,
Svyatoslav's songsters,
Strumming the strings,
Sang as follows:

"Heavy misfortune it is
For a head
With no shoulders;

Woe to a body
Without a head -
Evil for Rus'
With no Igor'!"

32

The sky is full of sunbrightness!
Igor' is back! Riding through
The Land of the Rus'. Maidens
Sing songs to his glory.
Cities large, cities small
Make merry and drink
Igor's health!
And the people rejoice
All the way
From Dnepr River
To Kiev,
While Igor' himself
Enters
St. Sophia Cathedral
And prays
To be blessed
By the Mother of God.

> For Ages of Ages
> He's now a hero!

And sons will take up
The refrain
Sung by their fathers:

"Glory to Igor'
Svyatoslav's son,
And to Wild Bull

Vsevolod, and
To Vladimir
Igor's own heir".

Drink to the health
Of Princes
And guardsmen
Who shield
All true Christians
From Polovtsy pagans!"

To all of those Princes
And
Their battle-companions
Glory!

Amen.

Translated by A. V. Riasanovsky

Вера Кимовна Зубарева

«СЛОВЕ О ПОЛКУ ИГОРЕВЕ»

Новый перевод с комментариями
Предисловие к книге А.В. Маркова

Корректор
Б. Кутенков

Оригинал-макет подготовил В. Зубарев
Художественное оформление В. Зубарева

Первоначальная идея внутреннего оформления
В. Губайловского (Фонд "Нового мира",
http://novymirjournal.ru/index.php/projects/preprints/133-slovo)

Подписано в печать 1.11.2020. Формат 84×108 $^{1/32}$
Бумага офсетная № 1. Печать офсетная. Гарнитура Minion.
Усл. п. л. 5,25. Тираж 300. Заказ № 1429.

Издательство «Языки славянской культуры»
№ госрегистрации 1037739118449
Phone: +7 495 625-79-19. E-mail: lrc.phouse@gmail.com
Site: http://www.lrc-press.ru

ООО «ИТДГК «Гнозис»
Розничный магазин «Гнозис» (с 10^{00} до 19^{00})
Турчанинов пер., д. 4, стр. 2. Тел.: 8 (499) 255-77-57
itdgkgnosis@gmail.com

Оптовый отдел
ул. Бутлерова, д. 17Б, оф. 313. Тел.: 8 (499) 793-58-01
sales@gnosisbooks.ru